성공이 아니라 섬김으로
하나님만 아시면 됩니다

성공이 아니라 섬김으로
하나님만 아시면 됩니다

책임편집 | 김미란
글쓴이 | 추태화 외 8인
펴낸이 | 원성삼
표지 디자인 | 한영애
표지 사진 | 여자농민복음학교(앞줄 우측 두 번째 강형신 전도사)
펴낸곳 | 예영커뮤니케이션
초판 1쇄 발행 | 2025년 9월 23일
등록일 | 1992년 3월 1일 제2-1349호
주소 | 03128 서울시 종로구 대학로3길 29, 313호(연지동, 한국교회100주년기념관)
전화 | (02) 766-8931
팩스 | (02) 766-8934
이메일 | jeyoung_shadow@naver.com
ISBN 979-11-89887-98-8 (03230)

본 저작물은 저작권법에 의하여 한국 내에서 보호를 받는 저작물이므로
무단 전재와 무단 복제를 금합니다.

값 10,000원

"이 제작물은 아모레퍼시픽의 아리따글꼴을 사용하여 디자인되었습니다."

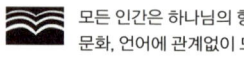 모든 인간은 하나님의 형상을 닮은 존귀한 존재입니다. 사람은 인종, 민족, 피부색, 문화, 언어에 관계없이 모두 다 존귀합니다. 예영커뮤니케이션은 이러한 정신에 근거해 모든 인간이 존귀한 삶을 사는 데 필요한 지식과 문화를 예수 그리스도의 사랑으로 보급함으로써 우리가 속한 사회에 기여하고자 합니다.

성공이 아니라 섬김으로
하나님만 아시면 됩니다

김미란 책임편집 | 추태화 외 8인 글

NOT SUCCESS, BUT SERVICE

K-하영선교회 그 뿌리를 찾아서

예영

차례

시작하는 말_"성공이 아니라 섬김입니다" • 6

1장 서서평, 조금 더 가까이 다가가기 • 11
1. 생애 돌아보기 … 12
2. 서서평 앞에 조선 여인들 … 23
3. 한국 선교 역사 속 의미-간호 선교 … 28
4. 서서평과 한국 독립 정신 … 33

2장 믿음의 발자취를 따라서 • 39
1. 영혼을 위한 파수꾼을 흠모하며 … 40
2. 그 앞에 꽃송이를 놓아 드리고 … 43
3. 작은 예수의 삶을 살아가는 이를 본받아 … 45
4. 삶 전체가 주님께 쓰임 받기를 … 48
5. 편안한 신앙생활을 반성하며 … 51

헌시_낮은 땅에 머물며 하늘을 사시다 … 54

3장 강형신, 서서평의 제자 • 61

강형신 전도사(1903~1985) 이야기 ⋯ 62

4장 강형신의 제자들 • 69

1. 감동과 눈물의 시인 장로 ⋯ 70
2. 빛도 없이 소리도 없이 섬김으로 ⋯ 79
3. 새벽기도의 흠모로부터 ⋯ 85

5장 K-하영선교회, 사역과 비전 • 97

마치는 말 • 102

부록 • 107

서서평(Elisabeth Johanna Shepping) 연보 ⋯ 108
강형신 연보 ⋯ 110
참고문헌 및 증언(인터뷰) ⋯ 112

시작하는 말

"성공이 아니라 섬김입니다"

김미란 회장 (K-하영선교회)

주 예수님의 거룩하신 이름으로 문안드립니다.
모두 평안하신지요?

이렇게 인사드리게 되어 감사하고 기쁘게 생각합니다. 그동안 동분서주, K-하영선교회를 세우기 위해 달려온 지 벌써 3년이 지나가고 있습니다.

주님께서 남겨놓으신 복음 전파의 일들을 소명으로 여기며, 믿음으로 동지들과 한 발자국씩 나아가고자 선교회를 설립하고, 지금까지 뛰어 왔습니다.

이제 보다 구체적인 선교사역을 위하여 선교회의 정체성을 다짐하기 위하여, 먼저 우리 믿음의 뿌리를 찾아보기로 했습니다. 그 작은 노력이 이렇게 아담한, 그러나 묵직한 신앙 유산의 기록으로 만들어지게 되었습니다.

K-하영선교회는 시간을 거슬러 올라가면 강형신 전도사님이 계시고, 그 위로 올라가면 서서평 선교사님이 계십니다.
이 신앙의 계보는 참으로 귀하고 아름답습니다. 우리뿐 아니라 후대에도 두고두고 되새기며 믿음을 전수해야 할 소중한 유산이라고 생각합니다.

그래서 여기에 작은 책자를 선보입니다. 여러분 모두 마음과 기도를 모아주시고, 계속해서 함께 일하는 아름다운 동역 현장을 만들어 나아가기를 기원합니다.

서서평 선교사님이 남기신 믿음의 유산,
"성공이 아니라 섬김입니다."
그 제자 강형신 전도사님이 물려주신 믿음의 발자취,
"오직 하나님만 아시면 됩니다."

이 땅에서 하나님 나라를 일구어가시는 모든 분들께 마음과 손길을 모아주심에 감사드리며, 이 자리를 빌어 하나님께 영광을 돌립니다. 감사합니다.

서서평 선교 20주년 기념비

1장

서서평,
조금 더 가까이
다가가기

1

생애 돌아보기
선교의 삶은 자기를 비우는 것에서부터

서서평, 그 이름으로부터 시작되는 이야기

'서서평'—이 이름은 조용한 물결처럼 다가오지만, 그 안에 담긴 의미는 결코 가볍지 않다. 본명은 엘리자베스 요한나 쉐핑(Elisabeth Johanna Shepping)으로 1880년 독일 비스바덴(Wiesbaden)에서 태어나 미국에서 성장하고, 조선에서 숨을 거둔 여인이다. 그녀는 조선에 도착한 후, 자신의 이름을 한자로 '徐徐平'이라 바꾸었다. "천천히, 평온하게"라는 뜻처럼, 서서히 낮아지고, 평온히 죽어가기를 스스로에게 서약한 이름이었다.

그녀는 자신의 성급하고 완고한 성격을 반성하며, 선교사로서 조선에서의 삶을 이전과 다르게 살고자 했다. 그 결심은 곧 이름이 되었다. 이름 하나로 자신의 존재를 새롭게 다지는 삶이었다. 단지 조선에 '맞추기 위해' 바꾼 것이 아니라, '다시 태어나기 위해' 선택한 이름이었다.

이 이름의 철자에도 생의 궤적이 숨어 있다. 독일에서는 'Schepping'으로, 영어권에서는 'c'가 빠진 'Shepping'으로 표기되었다. 이 작은 알파벳 하나의 차이는 단순한 표기법의 문제가 아니었다. 그녀가 떠나온 유럽, 이민자로 정착한 미국, 그리고 예수의 사랑과 희생 정신에 헌신한 조선. 그 사이사이에서 이름은 조금씩 바뀌었고, 그녀의 정체성도 함께 변화하고 확장하였다.

마치 자신이 누구인지, 어디에 속하는지 늘 물어야 했던 한 여성의 여정처럼. 서서평(쉐핑)이라는 이름은 "나를 따르라"는 예수님의 말씀을 따라 절대적으로 순종하는 헌신의 삶을 나타냈다. 우리는 "서서평"이라 읽지만 이 이름은 거룩한 성인에게 바치는 하나의 헌사라고 할 수 있다.

독일에서 태어난 외로운 아이

1880년, 쉐핑은 독일 중부의 작은 도시에서 태어났다. 하지만 그녀의 탄생은 환영받지 못했다. 어머니는 부유한 가정에서 가정부로 일했고, 아버지는 알려지지 않았다. 사생아로 태어난 쉐핑은 사회적으로 낙인찍힌 존재였으며, 태어난 순간부터 '없어도 되는' 아이였다.

그녀의 어머니는 딸을 낳자마자 외할머니에게 맡기고, 더 나은 삶을 찾아 홀로 미국으로 떠난다. 어린 쉐핑은 외할머니 품에서 자랐지만, 사랑받는 존재라기보다는 '맡겨진 짐' 같은 존재였을지도 모른다. 그런데 외할머니마저 그녀가 여덟 살이 되던 해에 세상을 떠난다.

사랑을 갈구할 나이에 그 어떤 따뜻한 품도 없이 세상을 배워야 했던 소녀. 외로움과 결핍은 그녀를 일찍 철들게 만들었고, 내면 깊은 곳에서는 '누군가의 위로가 되는 존재'가 되고 싶다는 갈망을 싹트게 하지 않았을까.

아홉 살 소녀, 홀로 대서양을 건너다

외할머니가 세상을 떠난 후, 쉐핑은 어머니를 찾아 혼자 미국으로 향한다. 당시 쉐핑의 나이는 겨우 아홉 살로. 보호자도 없이 어린 소녀가 혼자서 대서양을 건넌다는 것은 믿기 어려운 일이었지만, 그녀는 그 길을 가지 않을 수 없었다. 뉴욕항에 도착한 그녀를 맞이한 어머니는 더 이상 딸로서의 정으로 이어져 있지 않았다. 이미 새로운 삶을 시작한 어머니에게 쉐핑은 '잊고 싶던 과거의 그림자'였을지도 모른다.

쉐핑은 미국에서 어린 시절을 고된 노동과 고립 속에 보냈다. 따스한 가정의 정은 없었고, 사회적 시선도 따뜻하지 않았다. 유럽에서 온 낯선 이방인 여자아이였기에 더욱 그러했다. 하지만 그런 환경은 그녀 안에 강인함과 자립심을 키웠다. 그러던 어느 날, 친구의 손에 이끌려 우연히 참석한 개신교 예배가 그녀의 삶에 전환점을 가져왔다. 그곳에서 처음으로 "무조건적인 사랑"을 말하는 복음을 접했고, 하나님이라는 존재 앞에서 자신도 '사랑받을 자격이 있는 존재'임을 깨달았다.

간호사가 되기까지 - 사람을 돌보는 길

쉐핑은 어려운 가정 형편 속에서도 야간 노동과 아르바이트를 병행하며 공부를 이어나간다. 신앙의 힘과 봉사의 소명이 그녀를 붙들었다. 20대 초반, 뉴욕의 한 간호학교에 입학하여 정식 간호사 과정을 밟는다. 이 시기 그녀는 아픈 사람들을 돌보는 일이 단순한 기술이 아니라, 마음과 영혼까지 어루만지는 일임을 배운다.

병자에게 말을 건네고, 외로운 이에게 따뜻한 손을 건넬 때, 그녀는 자신의 아픔이 치유되는 경험을 한다. 누군가를 돌볼 수 있다는 사실이 쉐핑에게는 곧 살아가는 큰 이유가 되었다. 간호사로서 봉사와 헌신을 실천해 가는 도중, 미국 남장로교 선교부로부터 조선에 시급히 의료진이 필요하다는 사실을 알게 된다.

1912년, 조선으로 파송되다

1912년, 쉐핑은 미국 남장로교 해외선교부의 파송을 받아 조선으로 행한다. 당시 조선은 의료 환경이 극히 열악했고, 여성과 아동의 인권은 보잘것없었다. 그곳은 그녀에게 단순한 '사역지'가 아니라, '새로운 삶의 터전'이 되었다. 예수의 십자가는 어디까지 쉐핑을 인도할까. 그녀는 주님을 따르되 철저히 따르기로 기도했다.

그녀는 조선인과 함께 먹고, 함께 입었다. 한복을 입고, 고무신을 신고, 된장국을 먹으며 조선의 문화를 몸소 체험했다. 누군가를 도우려면, 그들의 삶 속으로 들어가야 한다는 것을 그녀는 누구보다 잘 알고 있었다.

조선에서의 삶 - 더 낮은 곳으로

서서평은 먼저 광주를 중심으로 간호와 복지, 여성 교육에 헌신했다. 그녀가 세운 '간호원 양성소'는 수많은 조선 여성에게 자립의 길을 열어주었다. 고아들을 모아 가르치고, 집이 없는 이들을 자신의 방으로 들였다. 그녀는 항상 가장 낮은 자리에 있었다.

그녀가 만난 여인들은 하나 같이 버림받은 것처럼 보였다. 가정에서 딸이라도, 남편 있는 여인이라도, 혹 홀로된 여자라도 모두가 조선에서는 실체 없는 그림자처럼 살아갔다. 쉐핑은 자신이 걸어온 길을 돌아보며, 지극한 긍휼의 마음을 갖지 않을 수 없었다. 조선에 윤리가 남녀유별이지만, 특히 여성은 아무것도 아닌 존재처럼 여겨지는 현실을 가슴 아파했다. 쉐핑은 온 영혼을 누구보다 조선의 여인에게 향했다.

또한 그 곁에 가난한 자들, 다리 밑에서 거적떼기에 의지해 살아가는 걸인들은 어떠한가. 인간 이하의 생활이었다. 특히 치료의 혜택을 전혀 받지 못하는 병든 자들, 한센병 환자들은 그녀의 가슴을 미어지게 했다. 병자들과의 만남은 그녀의 헌신이 어떠했는지 잘 알려주는 실화다. 당시 한센병은 병자 그 자체보다도 '사회적 죽음'을 의미했지만, 서서평은 맨손으로 그들의 손을 잡고 고름을 제거하며 치료해 주었다. 단지 약만 건넨 것이 아니었다. 그녀의 사랑은 두려움이 없었다.

광주에서 전주, 전주에서 서울 등지로

쉐핑은 활동 범위를 넓혀가게 되었다. 광주에서는 여인들의 간호와 교육을 위한 기관을 설립했다. 간호교육은 여인들이 자립할 수 있는 기회도 되었고, 또한 조선에 빈약한 보건, 간호에 필요한 요원을 양성하는 기관이 되었다.

간호양성소가 세워졌다. 이 일은 쉐핑이 전문 간호사로서 해야 할 일이었지만. 교육과 복음 전파를 소홀히 할 수 없었다. 교육을 위해 이일학교를 세우고, 자신이 교장과 교사를 겸하여 뛰지 않을 수 없었다. 여러 선교사가 함께 돕기도 했지만 무슨 일이든 쉐핑이 책임자였다. 나중에 졸업생들이 교사를 맡기까지는 시간이 걸렸다.

그녀는 군산과 전주에 파견되어 그때마다 맡겨진 일을 충실히 해냈다. 평양에 가기도 하고, 서울 세브란스 병원에서 간호일을 맡기도 하였다. 결국 전국으로 다니며 의료와 간호 선교, 보건 선교를 수행했다.

복음 전파에 열심이던 쉐핑은 가는 곳마다 교회를 중심으로 주일학교를 세우고, 주변에 교회를 쉽게 오지 못하는 지역에는 확장 주일학교를 만들어 복음을 전파했다. 이것은 단순히 성경을 가르치는 것을 넘어, 국민으로서 기본 교양과 소양을 익히는 계몽운동이기도 했다. 이름 없는 여인들을 만나면 이름을 지어주고, 고아를 친자식처럼 입양하여 키우기도 했다. 그렇게 키운 아이가 열 명이 넘었다.

쉐핑은 22년 조선 선교 사역 중 딱 한 번 안식년을 가졌다. 하지만 일신의 쉼을 위해서가 아니라 역시 선교 일환으로 그 기회를 사용했다. 몸은 이미 스프루병으로 쇠약하여 때로 기진할 정도로 힘들어했다. 당시 조선간호사회를 국제간호사협회에 공식 등록하려는 시도가 있었지만, 일본 제국주의의 방해로 이루어지지 못했다. 해방 이후에야 공식 등록된 것은 쉐핑의 노력이 크게 기여한 바 있다.

마지막 순간, 십자가의 예수처럼

1934년 6월, 쉐핑은 당시 여러 선교사를 괴롭히던 스프루병이 점점 깊어졌다. 결국 과로와 영양실조로 쓰러진 그녀는 광주에서 숨을 거두었다. 그녀의 유산은 학교 건물이나 재산이 아니라, 주변인들로부터 존경받던 명예도 아니었다. 오직 반쪽짜리 담요 한 장, 옥수수 한 홉, 돈 7전, 작은 성경책, 그리고 간호가방 하나뿐이었다. 담요가 반쪽인 이유는 이미 가난한 이를 위해 반쪽을 나누어주었던 것이다. 그녀는 그렇게 가난하게 그리던 주님의 품에 안겼다. 그러나 그녀의 장례식 날, 수많은 조선 사람이 눈물로 그녀를 배웅했다. 누구는 그녀를 "우리 어머니"라 불렀고, 누구는 '하늘이 준 선물'이라고 말했다. 그리고 '작은 예수'라는 이름으로도 불렸다.

마지막 그녀의 병상 머리맡에서 이런 글귀를 볼 수 있었다.

"Not Success, But Service!"

서서평의 좌우명은 바로 "성공이 아니라 섬김입니다(Not success, but service)"였다. 이 말은 그녀의 삶 전체를 아우른다. 태어날 때부터 그리고 세상으로부터 여러 차례 배척당했지만, 그녀는 항상 낮은 자리로 나아갔다. 땅끝으로 여겨지던 조선 땅에 와서는 외국인이 아닌, '우리와 같은 조선 사람'으로서 조선 사람을 섬기다가 홀연히 세상을 떠난 사람이었다. 주님께서 그를 영광의 나라로 부르신 것이다. 그래서 서서평의 삶은 실패가 아니라, 순전한 섬김의 연속이었다.

거룩한 낮아짐, 우리에게 남겨진 질문

서서평은 시대를 초월한 선교사라 할 수 있다. 왜냐하면 인간적으로는 상상할 수 없는 초인적인 사랑을 실천한 믿음의 사람이었기 때문이다. 무엇보다도 한없이 낮아지기를 택한 성자 같은 인물이었다. 그녀가 남긴 삶의 방식은 오늘날 우리에게도 하나님의 사랑 자체인 예수님의 본을 보여주는 것 같다.

"사람이 친구를 위하여 자기 목숨을 버리면 이보다 더 큰 사랑이 없나니"(요한복음 15:13).

"이르되 자비를 베푼 자니이다 예수께서 이르시되 가서 너도 이와 같이 하라 하시니라"(누가복음 10:37).

서서평 선교사 기림비

2

서서평 앞에 조선 여인들
이름 없는 자들에게 이름을,
병든 자들에게는 치료의 손길을

이름 없는 조선의 여인들

조선의 여인들은 오랫동안 이름 없는 존재로 살아야 했다. 그녀들은 누구의 딸, 누구의 아내, 누구의 어머니로만 불리며 자신의 이름조차 갖지 못한 채, 조용히 순응하며 살아가는 것이 미덕이라 여겨지던 시대였다. 몸이 아파도 말할 수 없었고, 배움의 길은 아예 닫혀 있었으며, 자기 목소리를 내는 순간 가문과 가정을 욕되게 한다는 오명을 감수해야 했다. 몸도, 마음도, 이름조차도 자신의 것이 아니었던 그 시절, 여성은 그저 조용히, 투명하게 살아가는 존재였다.

복음은 위로의 말에서부터 시작된다

서서평은 그 억눌림 속에서 들리지 않는 신음, 이름 없는 외침에 귀 기울였다. 그녀는 멈추지 않고 연민을 이어갔으며, 위로에만 머무르지 않았다. 그들의 몸을 살피고, 마음을 어루만지며, 글을 가르치고 이름을 지어주며, 존재 자체를 회복시키는 여정을 시작했다. 이것은 단순한 선교가 아니었다. 바로 복음 그 자체였다.

몸이 아파도 남자 의사 앞에 나설 수 없었던 문화 속에서, 서서평은 여성들을 위한 간호와 위생 교육을 시작했다. 손을 잡고 약을 바르며 몸의 구조를 설명했다. 조심스럽고 따뜻한 그녀의 말은 복음보다 앞선 치료였다. "하나님도 당신이 아프지 않기를 원하십니다." 그녀는 이렇게 말하며, 여성들이 자신의 몸을 돌보는 것이 죄가 아님을 가르쳐주었다.

하나님은 여러분을 사랑하십니다!

그녀는 무너진 자존감을 말없이 안아주었다. 말보다 눈빛으로, 지시보다 동행으로, 위로보다 함께함으로 복음을 전했다. 조선어를 익히고, 장터에서, 부엌에서, 여인들의 삶 한복판에 들어가 친구가 되고, 자매가 되었다.

그녀는 이렇게 말했다.

"여러분이 비천해서가 아니라, 세상이 여러분을 작게 만든 것입니다."

그러나 그녀가 진정으로 이룬 기적은 교육이었다. 글을 모르는 여인들에게 글을 가르치고, 간호 기술을 전수하며, 경제적 자립과 삶의 선택지를 열어준 그녀의 노력은 곧 '존재를 인정하는 선포'였다. 여성들은 배움 속에서 비로소 자신이 누구인지 발견했고, 하나님의 형상대로 지어진 존재로 거듭났다. 그녀는 다시 말했다.

"여러분은 누구의 딸이기 전에, 하나님이 사랑하시는 사람입니다."

하나님은 당신에게 이름을 주셨습니다!

그리고 마지막으로, 서서평은 이름 없는 여인들에게 이렇게 이름을 지어주었다. 암컷, 큰집 딸, 막내 같은 불완전한 지칭 대신, 그녀는 사랑과 존중을 담은 이름을 붙여주었다. 그것은 단순한 호칭이 아니라 하나님 앞에 부를 수 있는 각 개인의 정체성이자 곧 구원의 시작이었다.

> "이제는 여러분에게 고유한 이름이 있습니다. 세상도, 하나님도 여러분의 이름으로 부르실 것입니다."

서서평은 그렇게 조선의 여인들을 고쳤다. 가시적인 병을 고친 것만 아니라, 어둠 속에 가려진 존재를 빛으로 불러내었다. 말할 수 없던 자에게 말을 건네고, 이름 없는 자에게 이름을 주며, 잊혔던 자에게 하나님의 시선을 돌려주었다. 복음이란 말이 입술보다 사랑의 손끝에서 먼저 전해질 수 있음을 그녀는 보여주었다.

그녀의 선교는 설교보다 따뜻했고, 교육보다 단단했으며, 치료보다 깊었다. 그것은 복음이 인간의 몸과 마음과 삶 전체를 향한 하나님의 사랑을 삶으로 증명하는 것이었다. 그렇게 서서평은 복음의 마음으로 이름 없는 이들을 다시 불러내었다.

마요셉빈 기념비, 서서평 선교 20주년 기념비, 고인애 박사 기념비

3

한국 선교 역사 속 의미-간호 선교
상처 난 이들을 예수 사랑으로 간호하다

"간호는 병을 고치는 것이 아니라, 사람을 다시 일으키는 일입니다."

서서평, 그녀는 이 말을 자신의 몸과 삶으로 증명한 사람이었다. 복음을 들고 조선 땅에 온 이방 여인이었지만, 그녀가 품었던 사랑은 낯선 것이 아니었다. 오히려 그것은 가장 인간적인 손길이자 가장 따뜻한 눈빛이었으며, 가장 낮은 자리에 있는 자들과의 동행으로 다가왔다.

조선 땅의 끝자락, 사람 사는 곳이긴 하지만 사람이 사람 대접을 받지 못하는 곳. 그곳에는 이름 없이 살아가던 수많은 여성과 병자들이 있었다. 한센병으로 인해 가족에게 버려지고, 병든 몸을 숨긴 채 살아가던 이들. 남편의 손에 얻어맞고, 때로는 몇 푼에 팔려가야 했던 처녀들. 아이를 낳고도 기뻐할 수 없고, 배운다는 꿈조차 꿀 수 없던 여성들. 그들의 삶은 조용히 무너져 갔고, 세상은 그 무너짐을 애써 외면하고 있었다.

당신은 버림받지 않았습니다!

서서평은 외면하지 않았다. 오히려 무너진 삶의 틈으로 조심스레 다가가 그 틈 사이에 손을 넣고, 마음을 넣고, 자신의 전 생애를 바쳐 그들을 다시 일으키고자 했다. 간호사로서 그녀는 아픈 몸을 돌보는 것뿐 아니라, 보다 더 깊이 다가갔던 것은 마음이었다. 몸의 상처에 약을 바르며 그녀는 말하곤 했다.

"당신은 절대 버림받지 않았습니다."

이 말 한마디에 수많은 눈물이 터져 나왔다.

그녀의 손길은 거룩했다. 왜냐하면 그것은 세상이 거부한 이들을 향한 하나님의 손길이었기 때문이다. 한센병 환자의 손을 주저 없이 잡고, 그 손 위에 약을 바르고, 다시 꼭 감싸 안던 서서평의 간호는 단지 치료가 아니었다. 그것은 존재를 향한 사랑의 절대적 선언이었으며, 그들에게 하나님의 사랑이 피부로 전달되는 순간이었다.

아픈 이에게 먼저 사랑의 손을

서서평은 말로 전도하지 않았다. 대신 밥을 지어 나누었고, 담요를 찢어 나눠 덮었으며, 함께 길을 걸었다. 예배당뿐 아니라 거리와 골목, 병상과 빈한한 자들의 오두막에서 복음을 전했다. 그녀는 말했다.

> "굶주린 이에게는 먼저 밥을,
> 아픈 이에게는 먼저 손을."

무엇보다도 '사람'이 먼저였던 그녀는 삶으로 복음을 살았다.

그리고 그녀는 조선 여성들에게 '배움'의 문을 열어주었다. 광주에 간호학교를 세워 글자를 모르는 이들에게 펜을 쥐어 주었다. 그리고 병든 이를 돌볼 수 있도록 기술을 가르쳤으며, 그 기술 속에 자존감을 심어주었다. 배운다는 것은 곧 자신이 누구인지를 알게 되는 일이며, 스스로 삶을 선택할 수 있는 힘을 갖게 되는 일이었다. 그때부터 여성들은 누군가의 소유물이 아니라, 하나님의 사랑받는 존재로서 '나'를 발견하기 시작했다.

우리 곁의 누이처럼

서서평은 결코 멀리서 바라보는 사람이 아니었다. 그녀는 조선 의복을 입고, 고무신을 신었으며, 된장국을 함께 먹었다. 그녀는 그들의 언어를 익히고, 그들의 삶을 이해하려 애썼다. 그렇게 그녀는 점차 '서양 선교사'가 아닌, '우리 곁의 누이'가 되어 갔다.

가장 인상적인 장면은 늘 작고 조용한 곳에 있었다. 거리에서 만난 병자에게 다가가 손을 잡아주고, 추운 겨울밤 자신의 담요를 반으로 잘라 건네며, 부모 잃은 고아들과 함께 같은 방에서 자고 먹는 모습. 무엇보다 말이 아닌 삶으로 하나님을 증거하던 그 모습이었다.

그래서 조선 사람들은 그녀를 '작은 예수'라 불렀다. 그 말 속에는 존경과 사랑, 위로가 모두 담겨 있었다. 복음을 따로 설명하지 않아도 그녀를 보면 예수님이 느껴졌다. 그녀의 삶 자체가 하나의 복음이었기 때문이다. 어느 글에서는 서서평을 "1000:1의 헌신자"(천 명 몫을 감당한다)라고 하기도 했다. 그렇다. 오늘 우리는 서서평을 기억하며 또 하나의 질문 앞에 선다.

> 나는 지금 누구의 손을 잡고 있는가?
> 나는 어떤 삶으로 복음을 살아내고 있는가?

서서평은 한 사람의 병을 고치려 한 것이 아니었다. 그녀는 잊혀 가는 한 사람, 한 사람들의 '존재'를 일으키려 했다. 그리고 그 존재들에게 하나씩 이름을 불러주었다.
"당신은 하나님이 사랑하시는 딸입니다."
그녀는 그렇게 이름 없는 이들을 위한 이름이 되었다. 그리고 그 이름은 지금도 우리 마음에 살아 있다.

4

서서평과 한국 독립 정신
광복 80주년에 기억하는 서평의 목소리

올해는 광복 80주년을 맞는 뜻깊은 해다. 침략과 수탈의 아픈 역사 한가운데서도 희망을 잃지 않고 조선의 독립을 위해 싸우다가 옥고를 치르기도 하고, 끝내 목숨을 잃은 순국선열을 생각하면 가슴 속에 커다란 돌덩이가 내려앉은 듯한 부채감을 떨쳐낼 수 없습니다. 그들 덕분에 우리는 해방을 맞이하고 눈부신 성장을 이룬 오늘의 대한민국이 위풍당당한 모습으로 자리잡을 수 있었다.

그런데 독립운동은 독립투사들만의 전유물이 아니었다. 마치 협력하여 선을 이루어내듯이 각기 다른 삶의 자리에서 아주 우연한 계기와 선한 동기가 결합되어 시작된

작은 움직임이 '독립운동'이라는 놀라운 결실로 이어지기도 했다. 1919년 3·1 운동에 가담한 노랑머리에 푸른 눈의 외국인 쉐핑은 3·1 운동에 가담했다가 일본의 블랙리스트에 오르기도 했다. 하지만 이에 굴하지 않고, 3·1 운동 당시 독립운동을 하다가 부상당한 조선인들을 치료해 주었으며, 옥에 갇힌 독립운동가들을 보살펴주기도 했다.

1912년 2월 20일, 엘리자베스 쉐핑은 제중원의 간호사로 파송을 받아 한국에 도착한다. 어린 시절 부모로부터 버림받은 상처가 있는 쉐핑은 "환자가 제대로 치료를 받지 못해 길에 버려질 정도로 한국의 의료상황은 심각하다"는 이야기를 듣고 동병상련의 마음으로 상처 입은 치유자로 나서게 된 것이다. 가난하고 낯선 한반도의 삶이 녹록지 않았음에도 불구하고 쉐핑은 열심히 한국어를 공부했고 간호사로서 주일학교 교사로서 역할을 다했다.

쉐핑은 한국에 적응하기 위해 서양 드레스와 구두 대신 무명 저고리와 검정 치마, 그리고 남성이 신는 검정 고무신을 택했다. 또한 평소에 먹던 소시지와 스테이크 대신 강된장과 보리밥을 즐기게 되었다. 쉐핑은 이제 독일계 출신 미국인 선교사가 아니라 온전한 조선인 '서서평'으로 거듭나게 된 것이다.

 당시 우리나라 사람들은 질병과 빈곤으로 매우 어려운 상황이었는데 설상가상으로 주권을 상실한 채 일본의 지배를 받고 있었다. 서서평은 일본에 지배당하는 한국의 상황은 이스라엘 백성이 애굽에서 노예 생활을 하던 과정에 비유하며, 이스라엘이 애굽 바로왕의 압제에서 해방된 것처럼 한국도 하나님 뜻대로 산다면 소원을 이루고 만다고 했다. 서서평은 다중고에 시달리는 여느 한국인과 마찬가지로 가난과 병마와 씨름하였다. 그러면서도 이 어려움을 주변 이웃과 함께 극복하기 위한 방법을 찾았다. 그 시절 사람 취급을 받지 못했던 고아와 매춘부에게 손을 내밀어 동고동락하며 그들에게 새로운 길을 안내한다. 고아들은 학교에 보내고 매춘부에게 직업 교육을 시켰다. 특히 서서평은 자신의 본래 직업이기도 한 간호사를 여성들에게 권했는데, 당시 우리 사회는 아직 유교의 영향을 많이 받고 있어서 상대방의 신체에 접촉하거나 고름이나 피를 다루는 일을 선뜻 받아들이지 않아 쉽지만은 않았다.

 그래서 서서평은 미국에서 온 사람들과 한국간호협회를 조직하여 간호사에 대한 인식 개선을 위한 활동을 시작했다. 당시 한국간호협회에는 한국인 회원보다 미국인 회원 수가 많았다. 하지만 서서평은 미국을 위해서가 아니라 한국을 위해 일본 간호협회의 간섭과 훼방에도 굴복하지 않고 조선간호부회를 창립하고 10년간 회장직을 맡았다. 그는 조선간호부회를 국제 간호협의회(ICN)에 가입시키기 위해서 바쁘게 움직였다. 당시 교통 상황이 여의치 않았음에도 불구하고, 몬트리올까지 방문하는 수고를 아끼지 않았다. 조선의 ICN 가입 의도를 파악한 일본 간호협회도 가맹 신청을 하려 했다. ICN은 조선이 일본 간호협회 소속으로 활동하길 원했고 일본도 조선과 연합 활동을 기대했지만 서서평은 이를 거절하고, 조선의 독립적인 지위를 얻고자 노력했다. 서서평의 끊임없는 노력에도 불구하고 조선은 ICN 가입에 실패한다. 반면 일본 간호협회는 가맹을 유지한다.

서서평의 선교 활동을 보면 어쩌면 이렇게 철저하고 처절하게 임할 수 있었을까? 하는 생각이 든다. 의료 선교, 구제 선교라는 말은 흔히 들어봤겠지만 '독립 선교'라는 표현은 우리에게 다소 낯설게 느껴질 수도 있다. 그렇지만 서서평은 선교의 새로운 장르를 개척했다고 해도 과언이 아니다. 서서평과 조선의 하나 됨은 외국인과 현지인의 경계를 허물었다. 서서평은 독일계 미국 선교사가 아닌, 피부색만 조금 다른 조선인으로 살아갔다. 자신과 무관하고 낯선 대상조차 온전히 사랑하기 위해 그들과 하나가 되었고, 침략의 아픔을 공감하며 신앙의 이름으로 해방을 선포한 그 시대의 예언자가 아닌가 싶다. 비록 모세가 가나안에 입성하지 못한 것처럼 서서평은 조선의 광복을 직접 누리지는 못했지만, 하나님께서 계획하고 인도하시는 역사 안에 이미 내재 된 해방 맛을 보았을지도 모른다.

광복 80주년을 맞아 우리가 지금 누리고 있는 해방과 자유는 서서평에게 지게 된 큰 빚이 아닐까 싶다. 조선인보다 조선을 더 사랑한 서서평의 이름을 늘 기억하며, 오늘도 그의 목소리에 귀 기울여 본다.

서서평연구회 책자들

2장

믿음의
발자취를
따라서

1

영혼을 위한 파수꾼을 흠모하며
이은경(일본 선교사)

내가 중학교 때 우리 교회의 전도사님이셨던 강정식 목사님을 오래간만에 뵈었는데 이번 답사 여행에 함께 하셨다. 전도사님이셨던 강정식 목사님께서는 우리에게 어릴 때부터 메모하는 습관을 들이라고 하셨다. 바로 그 목사님과 함께 여행하게 되어 참 좋았다. 진심으로 기쁘고 감사했다. 강정식 목사님과 김미란 사모님이 고모할머님이 되시는 강형신 전도사님을 모신 적이 있다고 한다. 두 분께서 선교의 삶의 행적을 따라가며 선교 사명을 감당하는 삶을 느껴본다. 두 분에게서 또한 많은 것을 배우게 된다.

서서평 선교사님께서 헌신하셔서 한일장신대를 전주에

세우셨다는데 바로 그 신학교(이일학교)에서 강정식 목사님의 고모할머님이 되시는 강형신 전도사님이 서서평 선교사님의 제자가 되셨다. 평양신학대학을 나오시고 한일장신대에서 공부하시면서 잃어버린 영혼들을 구원하는 삶, 가난한 자로 부요하게 되신 예수님의 참 제자 된 삶을 사셨던 발자취를 사진을 통해 볼 수 있었다. 또한 신학교 홍보담당 실장님의 설명을 들으며 내 안에 선교에 대한 열정이 다시금 타오르는 것을 경험했다.

서서평 기념비 앞에 서서 사진을 찍으며, 마지막 생애를 담요 반장을 가지고 생활하셨던 그 청빈한 삶을 배웠다. 모든 것을 나누어 주시고, 본인 또한 겸손히 섬기며 예수님의 제자 된 삶을 사셨다. 나는 나의 나 된 것이 하나님의 은혜임을 깨달았다. 귀한 서서평 선교사님을 눈앞에서 뵌 듯한 느낌이 든다.

서서평 선교사님을 기억하며, 영혼들을 위한 파수꾼으로 사셨던 서서평 선교사님의 뒤를 이어 전도하며 사신 강형신 전도사님은 참으로 멋진 인생의 선배이자 주님의 동역자, 그리고 주님의 왕 같은 제사장이셨음을 느낀다.

이처럼 여자 선교사로 삶을 사셨던 서서평 선교사님과 강형신 전도사님의 발자취를 따라 선교에 힘쓰며 살아야

겠다고 다짐한다. 그것이 어떤 방법이든 영혼들을 위한 기도가 되든 전도하며 나의 삶을 살도록 힘써 나아가야겠다고 기도한다.

2

그 앞에 꽃송이를 놓아 드리고
석영완 회장

    나는 이제 막 세례를 받은 초신자다. 그동안 선교사라고 하면 아펜젤러와 언더우드 박사만 알고 있었는데, 2024년 4월 새성남교회에서 처음으로 서서평 선교사님의 짧은 다큐멘터리를 감상할 수 있는 기회가 있었다. 그 영상을 본 후에 깊은 감동을 받았다.

    외국 선교사로서 힘들고 어려웠던 시절, 우리나라에 와서 온 마음으로 보살피며 선교 활동을 하다가 이 땅에서 생을 마감하신 것을 보고, 저렇게 헌신적이고 훌륭하신 분이 있었다는 것을 알고 눈시울을 적셨다.

    그리고 나는 그분이 생전 선교 활동을 하시다가 돌아가

신 곳을 찾아뵙고 기도드리고 싶어서 2024년 광주와 2025년 5월 12일 전주 한일장신대 비석 앞에 가서 고개 숙여 기도드리고 꽃다발을 놓고 왔다. 매년 그렇게 하기로 다짐도 했다. 너무너무 복되고 감동적인 시간이었다.

3

작은 예수의 삶을 살아가는 이를 본받아

권영진(독일 주재 인도 선교사)

내 선교의 삶 가운데 평생의 화두는 무엇일까? 시편 133편 1~3절, "형제가 연합하여 동거함이 어찌 그리 선하고 아름다운고 … 거기서 여호와께서 복을 명령하셨나니 곧 영생이로다." 이 말씀이 왜 내 평생의 화두가 되었을까? 그 이유는 내가 속해 있던 선교 단체에서, 선교의 삶이 서로 사랑하고 연합하기보다는 경쟁과 업적의 성취 지향적이었기 때문이다.

이 말씀은 내가 예수님을 만난 후 두 번째 회심으로 이끄는 말씀이었다. 서서평 선교사님의 평생 화두인 "성공보다는 섬김"을 보며, 당시 100여 년 전 조선에 온 선교사님들 사이에서도 성공이라는 목표가 있었으리라 미루어 짐작해 본다. 그러나 서서평 선교사님은 섬김으로 '작은 예수'의 삶을 살아내신 분이라 생각된다. 섬기되 마지막 남은 담요 하나까지 온전히 다 나누어주셨다. 심지어 선교사님이 영양실조로 죽었다는 기가 막힌 사실을 들었을 때 마음속으로 흐르는 눈물을 주체할 수 없었다.

이름 없는 조선의 여인들에게 이름을 지어주시고 십여 명이 넘는 고아를 입양하여 예수의 제자로 키워낸 그 섬김의 사랑으로 오늘날 우리가 한국 교회와 사회의 풍요와 번영을 누리게 된 것이 너무나 고맙고 감사하다. 오늘날 우리는 이 풍요와 번영을 너무나 당연하게 여기고 있는 것은 아닌지 되묻게 된다.

내가 섬기고 있는 인도 대학가 선교 현장을 가보면, 아직도 나의 도움과 섬김의 손길이 필요한 곳이 너무 많다. 거기에도 또 한 명의 작은 '서서평'이 나타나 그들을 섬기고 키워 예수의 제자로 삼고 인도와 파키스탄, 네팔, 부탄, 스리랑카, 아프가니스탄, 방글라데시 그리고 미얀마에서 성공이 아닌 섬김의 삶을 살아내는 '작은 예수', '작은 서서평' 운동이 일어나야 하지 않을까?

필자는 강형신 전도사님에게서 작은 서서평의 모습을

보았다. 서서평 한 분의 삶을 바꾸어 놓았던 예수가 서서평을 통해 강형신의 삶을 바꾸어 전 제주의 역사를 바꾸어 놓지 않았는가? 강형신 전도사님을 통해 강정식 목사님, 김미란 사모님의 삶을 예수에 '미치게' 만드는 이 끊임없는 역동의 성령 역사가 오늘 섬김의 제자도를 잃어가는 조국 교회에 다시 일어나게 되길 간절히 기도한다.

주여, 당신의 나라가 속히 오시옵소서!

4

삶 전체가 주님께 쓰임 받기를
정에스더(캐나다 선교사)

26년 전, 스무 살 무렵에 새성남교회에 처음 발을 들였다. 그곳에서 십 년 동안 강정식 목사님을 통해 말씀으로 깊이 양육 받았고, 신학교도 졸업하게 되었다. 이후 어린이 선교 단체에서 3년간 사역하며 귀한 경험도 쌓았다.

지금은 캐나다로 이민을 와 사업을 통해 비즈니스 선교(Business as Mission)의 길을 걷고 있다.

최근 K-하영선교회를 통해 서서평 선교사님의 삶을 더욱 깊이 알게 되었고, 강정식 목사님의 신앙이 바로 서서평 선교사님의 제자이신 강형신 전도사님의 영향으로 세워졌다는 사실을 알게 되었다.

가난하고 소외된 조선 땅에서 자신을 온전히 헌신하며 복음을 전하신 서서평 선교사님의 삶은 그 자체로 감동이었고, 그분의 섬김을 통해 복음이 전해졌다는 사실에 가슴이 뜨거워졌다.

그리고 그 복음의 열매로 강정식 목사님 같은 예수님을 닮은 겸손하고 온유한 목회자가 세워졌고, 그 목사님의 삶과 가르침이 오늘의 저를 있게 했다는 것을 되새기며 깊은 감사와 감동을 받았다.

저 역시 이곳 캐나다에서 서서평 선교사님의 정신을 이어받아, 하나님이 맡기신 기업을 통해 수익을 창출하고, 주님께서 주신 물질을 복음 전파에 온전히 드리며 많은 영혼을 주님께 인도하는 삶을 살기를 소망한다.

"내게 있는 모든 것 주께 드리리"라는 고백처럼, 삶 전체가 주님께 쓰임 받기를 기도한다.

끝으로, K-하영선교회가 서서평 선교사님의 헌신과 정신을 이어받아, 이 땅에 아직 예수님을 알지 못하는 이들에게 복음을 힘 있게 전하는 귀한 선교 단체로 계속 세워지기를 소망하며, 그 사역에 함께할 수 있음에 정말 감사드린다.

5

편안한 신앙생활을 반성하며
정옥연 집사

어느 날 교회 식구들과 양화진 선교사 묘원을 찾았다. 보통의 묘지와 달리 여기에 묻힌 분들은 외국에서 온 선교사님들이라는 점이다. 그순간 평소에 없던 궁금증들이 나에게 솟구쳤다.

> 왜 이분들은 낯선 땅에 오신 것일까?
> 무슨 이유로 이 척박한 땅 조선에 오신 것일까?
> 어떤 분들은 오신 지 얼마 되지 않아 목숨을 잃었고, 아이들조차 풍토병에 숨졌는데도 … 무슨 이유로 선교를 계속하셨을까?

> 아 … 이분들의 선교로 우리나라가 깨어나고 또다시 깨어났는데, 우리는 과연 얼마나 감사하고 있는 것일까?
> 이분들이 전하고자 했던 예수님의 구원, 그 복음을 우리는 얼마나 진지하게 나누고 있을까?

수많은 선교사님, 목사님, 그리고 여러 전문 선교사님이 조선 방방곡곡에 복음을 전파하시며 헌신하셨다는 사실을 새롭게 깨닫게 되었다.

이렇게 편안하게 예배드릴 수 있다는 것, 하나님의 자녀가 된 것, 그리고 오늘도 좋은 교회에서 신앙생활하면서 여러 교회 식구와 천국의 삶을 소박하게나마 함께 나누는 삶에 깊이 감사드린다.

또 어느 주일날 예배 시간에 선교사님들에 대해 공부할 기회가 있었다. 그때 서서평 선교사님을 알게 되었고, 그분을 배웠다. 당시에는 외지고 낯선 땅 조선이라는 나라에 오셔서 복음 전도자로 일생을 사랑과 헌신으로 어려운 환경에 있는 사람에게 복음을 전하시고, 여인들과 후배들을 양성하셨다는 사실에 너무나 큰 감동을 받았다. 저라면 그런 상황에서 그렇게 하지 못했을 것이라고 생각하니 부끄럽고, 왜 이제서야 서서평 선교사님을 알게 되었는지 아쉬움이 크다. 만약 더 일찍 알게 되었다면, 제 삶에 더 확실한 변화가 있었을지도 모른다.

> 오, 주 예수님, 이제부터 귀하게 쓰임 받은 선교사님들을 더 깊이 공부하도록 인도해 주세요. 저도 열심히 배우겠습니다.

끝으로 고백한다. 제가 너무 편안하게 지내온 것을 회개하며, 주어진 모든 환경에 감사드린다. 앞으로 서서평 선교사님을 조금이라도 더 닮아가길 원한다. 예수님 도와주세요!

헌시

낮은 땅에 머물며 하늘을 사시다
추태화 목사(이레문화연구소 대표)

1.
그 이름 서서평
예수님을 닮고자 닮고자
닮다가 끝내 주님 가신 길
비아 돌로로사
골고다 돌맹이 길
투박한 모래자갈길
모욕과 수치, 침 뱉는 야유 소리
그치지 않는 광야길

그 십자가 언덕길
예수 심장으로
예수 사랑으로
걷고 또 걸으신 길 위의 여자
서서평

2.
그대 이름은 외로운 여자?
아니었다.
정녕 아니었다.
나약하고 가녀린 육신이지만
남정네보다 더 쎈 믿음 뚝심으로
험난한 조선 땅
차별과 멸시가 질편한 양극의 땅
복음의 빛 들고 오시어
예수처럼 십자가에 달리듯
스스로 빛으로 타오르다

3.
그리하여 서평, 그대는 천인(千人) 몫 감당해
이름 없는 여인들 어여쁜 이름 지어주고
소박받고 내몰린 여인들 배움 학교로 불러주고
정처 없는 걸인들 눈비 가리개 천막 쳐주고
부모 잃은 고아들 사랑으로 품에 안고
여기저기 몸 아픈 이들 따스히 치료하고
마음 상처 내 모른다 하지 않고
모든 게 내 탓이오
모든 게 내 몫이오
모든 게 내 일이오
주님 사랑하라 하셨으니
사랑만이 내 일이오
사랑만이 내 할 일이니
주님 안에 내가 무슨 소용인가

4.
주님처럼 비워내고 낮아지고
끝내 십자가에 오르심 따라
나도 그리하올제
이 내 한 몸 조선에 묻을지니
내 주 예수님 가신 그 길
빈 무덤에 죽음은 나 살려라
사망은 마침내 죽고마나니
최후 승리는 예수 안에
최후 승리는 십자가로
마침내 말씀 이뤄지시니
십자가로 승리하셨느니라!

5.
이제 하늘 비밀 또다시 드러나나니
성공은 땅에 일이려니
성도는 어찌할고
오직 소망과 순종
오직 믿음과 충성
오직 사랑과 섬김
이 중에 제일은 사랑과 섬김이려니

이제 하나님 나라 곧 여기에
사랑과 섬김으로 주님 뜻 실행하고
사랑과 섬김으로 죽도록 충성하고
사랑과 섬김으로 교만한 나 부인하여
이 땅에서 한 줌 흙 될 때까지
사랑과 섬김으로
살고지고 살고지고
한 줌 영혼 주님 품에 갈 때까지
사랑과 섬김으로
살고지고 살고지고저!

6.
낮은 땅에 인생길
한낱 방황 방랑 방탕 아니어라
하늘나라 순례길
고난 지나 영광으로
거룩한 인생길 마침내 되려니
오직 한 길
오직 한 소망
사랑과 섬김으로
살고지고 살고지고저!

서평처럼 살고지고
살고지고저!

강형신 전도사 묘

3장

강형신, 서서평의 제자

"오직 하나님만 아시면 됩니다,
자신을 드러내지 마십시오."

강형신 전도사(1903~1985) 이야기

서서평(Elisabeth Johanna Shepping) 선교사. 그녀의 희생적인 사랑과 헌신을 말로 다 표현하기는 어렵다. 누구보다 예수님을 따라 끝까지 충성했고, 누구보다 성령의 인도하심을 받아 이웃에게 자신을 모두 내어준 예수님의 귀한 제자였다.

서서평은 단순히 복음을 전하기 위해 이 땅을 찾은 것이 아니다. 그녀는 조선의 여성, 어린이, 가난한 이들을 위한 전인적 사랑과 돌봄을 실천하기 위해 자신은 철저히 비워내었다.

또한 그녀는 조선인으로 살기를 원했고, 조선 땅에 묻

히길 바랐다. 그 삶은 단순한 선교가 아니라, '조선 여인의 어머니'로 불릴 만큼 조선을 깊이 사랑한 헌신의 역사였다.

서서평은 간호사로서 의료 활동을 넘어 간호사 양성에 힘썼고, 교육자로서 여성들의 문맹을 퇴치하고, 한글 성경을 보급하며 성경을 가르쳤다. 사회복지사로서 고아, 과부, 나환자, 빈민 등 소외된 이웃의 삶 속으로 들어가 그들과 고통을 함께했다.

그녀의 검소하고 단순한 삶은 조선 여성들에게 신앙과 헌신의 본이 되었으며, 수많은 여성 지도자와 전도부인들을 길러냈다. 그녀가 떠난 자리는 비어 있었지만, 그녀가 품었던 예수님의 심장과 복음 정신은 살아 움직여 지역 곳곳에 씨를 뿌리며 꽃피우기 시작했다.

그 정신을 이어받은 인물 중에 제주도 출신의 강형신 전도사가 있다. 일제강점기라는 암울한 시대에 여성으로 사회에서 목소리를 내기 어려운 환경 속에서 자란 그녀는 서서평을 만나 신앙을 갖게 되었다. 그리고 그 삶과 가르침에 깊은 영향을 받아 전도부인의 길을 걷게 되었다. 이는 전적으로 하나님의 인도하심이었다. 강형신은 서서평이 양성한 대표적인 조선인 여성 지도자 중 한 명이었다.

1934년 서서평 선교사가 소천한 이후, 강형신 전도사는 더욱 활발하고 영향력 있는 제주 여성 선교 지도자로 성장했다. 초기에는 전도부인이라는 직함이 주는 소명감이 교회의 연합 사역으로 확대되었다. 주님은 강형신을 통해 기독교 여성 지도자의 길로 이끄셨고, 그 이정표가 되는 사역이 이어졌다.

그는 제주노회여선교회 초대 회장으로 선출되어 제주 여성 신앙 사역을 본격적으로 이끌었으며, 해방 이후 1946년부터 1965년까지 제주여전도회연합회 회장으로 봉사하며 여성 전도와 교육, 교회 재건에 헌신하였다.

이 활동에 대한 공식 증언으로 『제주 기독교사』 등 여러 책에서 '강형신'의 이름이 발견된다. 예를 들어서, 1933년 6월 성내교회에서 열린 하기 수양회에서 서서평 선교사 등이 강사로 나섰는데, 이 기간 제주 각 교회 여전도회에서 파견한 총대 중에 '강형신'이 포함되어 있었다(혹은 '강계생'으로도 불렸는데, 믿음을 받아들인 후 '강형신'으로 개명했기 때문이다.).

제주여전도연합회는 제주 기독교 발전에 크게 기여하

였다. 제주 기독교 여성 신앙 운동을 이끈 인물이 바로 강형신이라는 증언은 곳곳에서 발견된다.

> "1933년 8월 광주 주재 남장로교선교회 서서평 선교사와 엄현숙 선생의 발기로 제주 성내교회에서 창립총회가 있었다. '부인조력회'라는 명칭으로 조직된 초대 회장에 강형신 전도사를 선출하였으며, 그 후 '부인전도회'라 불려 오다가 다시 명칭을 '여전도회'로 변경하여 오늘에 이르기까지 교회 봉사, 전도 사업, 개척교회 재정 지원, 교육사업을 위한 재정 지원, 여성들의 신앙 향상을 위한 사경회, 강습회 등 많은 사업을 계속해 왔다."(『제주 기독교 백년사』)

강형신의 행적에 대한 기록은 제주 기독교 역사에 면면히 보인다.

> "강형신 전도사를 본 노회 내 부인 운동의 총지도자로 선정하고 각 부인회를 지도케 하기로 하다."(『제주 기독교 백년사』)

위의 역사 증언들은 이렇게 명백하게 그의 복음 선교 활동을 기억하게 한다.

> "강형신은 해방 전 제주노회 부인조력회를 실질적으로 이끈 유능한 지도자였기 때문에 주어진 임무를 차질 없이 수행했다. 서귀포와 성산포 등의 지역에서 전도사로 활동한 그녀는 3년간 회장을 연임하면서 부인회의 재건을 위해 분주히 움직였다. 1948년에 열린 제19회 정기노회 시 '부인연합회'의 보고가 나와 있는 것으로 보아 그녀의 노고로 인해 부인회가 각 지교회에서는 물론 노회적으로 활발히 기능하고 있음을 알 수 있다."(『제주 기독교 백년사』)

특히 현대사의 상처와 아픔 속에서도 강형신은 여전도회 전국연합회와 함께 제주 전역을 순회하며 여성 교인과 농촌 여성 지도자들을 세우는 전도·교육 사역을 펼쳤다. 모슬포, 서귀포, 성읍, 한림, 성산포 등 지역에서 복음을 전하며, 여성들을 움직여 제주 교회 재건에 힘썼다. 상회에 드릴 헌금이 부족할 때는 믿음의 여인들과 함께 고사리를 손수 채집해 헌물로 드리는 감동적인 일화도 남아 있다. 이는 매우 귀한 사례 중의 하나다.

서서평과 강형신은 단순히 선교사와 조선인 여성이 아니라, 진정한 스승과 제자, 그리고 동역자의 관계였다. 서서평이 보여준 실천적 신앙과 헌신의 본은 강형신을 통해 제주로, 그리고 한국 교회의 여러 지역으로 확산되었다. 그들의 삶은 "복음은 말이 아니라 행동"임을 증명하는 살아 있는 증거였으며, 여성 지도력과 사회적 책임의 모델이 되었다.

강형신의 헌신은 제주 지역 교회의 성장뿐만 아니라 여성 지도자 양성, 여성의 사회적 역할 확장에도 중요한 기여를 했다. 이는 단지 과거의 이야기가 아니라, 오늘날 교회와 사회가 지향해야 할 중요한 가치와 방향을 제시하는 본보기다. 그 영향력은 후대에 아름다운 결실을 맺고 있었으며, 다음 장에서 펼쳐질 이야기로 이어지며 그 가운데 여러 증인이 맥을 잇고 있음을 알 수 있다.

강형신 전도사(가운데)

4장

강형신의
제자들

1

감동과 눈물의 시인 장로
강춘식(표선장로교회 은퇴장로)

성읍 민속 마을에서 만난 강 장로님

제주 성읍 민속 마을 한 켠, 옛 돌담과 고즈넉한 경관 속에서 강 장로님을 만났다. 얼굴에는 세월의 주름이 깊었지만, 눈빛은 곧고 맑았다. "아쓰미"라는 귤 새 품종을 개발해 당도 18~19브릭스에 이르게 한 건강하고도 조용한 자부심이 묻어 있었다. 땅을 지키며, 귤나무와 병아리와 평생을 살았다고 고백하는 그의 말은 단순한 수사가 아니었다. 그의 손과 얼굴이 구릿빛이 된 연유는 바로 땅에서 지낸 그 세월을 의미했다.

고등학생 춘식이와 농사

그가 입을 열자 바로 옛 추억이 솔솔 흘러나온다. 밖에는 정오가 지나 햇살이 높았고, 봄인데도 볕은 따가웠다. 이 태양에 감귤이 익어가리라.

"농업고등학교 다닐 때, 병아리 깨는 것부터 공부했어요."

그때부터 평생 농사는 그의 일상이자 삶의 터전이 되었다. 병아리와 귤나무는 그의 앞길을 밝히는 등불처럼 함께했다. 밀감나무 농사를 하면서 산에서 억새풀을 가져와 겨울을 지내는 나무 밑에 깔아 주며 느끼는 것이 많았다. 그렇게 밀감나무와 친해졌다. 청년 춘식의 가슴에서 조용히 시 한 수가 흘러나온다.

밀감나무

찬바람 불어오면 찬바람 내 옷 찢고
흰 눈이 내릴 때엔 하얀 눈물 흘렸지요
따스한 봄바람에 기뻐함이 잠깐이고
가위 톱날 잘릴 때엔 님 십자가 기억해요

> 그 사랑이 고마워 하얀 찬송 불렀더니
> 이 몸에도 지기 힘든 이 사랑을 내게 줘요

 이 시는 단순한 서정시가 아니었다. 겨울이면 산에서 억새풀을 베어 밀감나무 밑둥지에 깔아주곤 했다. 나무 곁에서 가지를 다듬던 손놀림 모두가 한 편의 시였다. "내년엔 이 가지에 열매가 잘 달리겠다"고 하며 가위를 드는 순간, 농부의 마음이 곧 시가 되었다. 밀감나무를 보여 믿음의 상상력이 밀감처럼 주렁주렁 열린 것이다. 너도 나와 같은 삶이로구나!

아버지의 반대가 엮은 반전

 당시 아버지는 우리나라 여느 가장처럼 제사를 지내고 조상을 극진히 생각하셨다. 특별한 종교라기보다 유교적 풍습이 강한 연유였다. 그런데 청년 춘식이 예수를 믿게 되고 차례를 지내지 않겠다고 하자, 아버지의 불호령이 떨어졌다. 그는 집안의 장남이었다.
 "제사를 지내지 않으려거든 집에서 나가거라!"
 그때 그는 이렇게 고백했다.

"예수 믿는 일을 절대 포기 못합니다."

웬일인지 그는 어떤 강한 결단에 이끌려 집을 나가고 말았다. 일종의 가출인 셈이었다. 그가 간 곳은 서귀포 쪽에 계신 고모할머니 집이었다. 바로 제주 복음화에 헌신하신 신앙의 거목 강형신 전도사 댁이었다. 할머니 곁에서 지내면서 청년 춘식은 신앙생활이 무엇인지 많은 것을 듣고 배우게 되었다. 예수님 곁에 있던 제자들의 풍경이라고나 할까. 그 모습은 마치 제자 수업과도 같았다. 두말할 것도 없이 서서평 선교사로부터 처음부터 끝까지 신앙을 몸소 익힌 강형신 전도사였기에, 바로 그의 신앙적 본이 되었다.

이 일로 부모님뿐 아니라 친척들로부터도 핍박이 있었다. 집안의 장남이 되어 어떻게 그럴 수 있냐? 어느 해 제삿날에 난리가 났는데 고등학생이던 동생(강정식 목사)이 제사를 모시는 방에 들어가 음식을 들고 나오는 것이 아닌가. 그는 아직도 동생이 한 말을 기억한다.

"할아버지가 살아 계셨다면 우리들 먹으라고 주셨을 터이니, 이 음식을 함께 먹는 게 그분의 마음일 겁니다."

제사도 드리기 전에 제삿밥을 나누어 먹도록 했던 것이

다. 동생이었지만 부러웠고 존경스러운 행동이었다. 그 결단이 매우 대단했다. 이후 동생은 주님의 변함없는 부름을 받아, 신학 공부를 하기 위해 서울로 향했다.

신앙의 모델 강형신 할머니

그는 그렇게 할머니의 삶을 통해 신앙을 배워갔다. 강장로님은 이렇게 기억한다.

"우리 할머니는 사람 이름을 내는 것을 참 싫어하셨어요. 하나님이 알아주시면 되는 거지 …"

할머니를 모시고 지내면서, 그는 절제와 헌신을 배웠다. 결혼도 하지 않고, 검소하게 복음을 전하며 살아가신 할머니는 밥그릇에 쌀 한 톨도 남기지 않고 비우셨다. 모두가 서서평 선교사님께 배운 근검절약의 정신이라 생각한다.

> "사도 바울의 이 말씀을 좋아하셨지요. '이제 내가 사람들에게 좋게 하랴 하나님께 좋게 하랴 사람들에게 기쁨을 구하랴 내가 지금까지 사람들의 기쁨을 구하였다면 그리스도의 종이 아니니라'(갈라디아서 1:10)."

이 고백을 항상 가슴에 품고 생활했다. 이 신앙의 기준은 그의 삶 속에 뿌리내려, 교회 생활에서도 사람을 기쁘게 하려는 마음이 아니라, 하나님 앞에서 진실한 삶을 살아가려 애썼다. 할머니의 고백이 점점 그의 고백이 되어 갔다는 사실을 나중에야 깨닫게 되었다.

그에게 서서평 선교사는?

강춘식 장로는 서서평 선교사님이 보여주신 귀한 모범을 배우며 할머니처럼 청빈하고 매사에 주께 헌신하듯 행하는 삶을 살아가야겠다고 다짐했다.

한번은 이런 일이 있었다. 어느 늦은 밤, 청년이 찾아와 하룻밤 묵을 수 있겠느냐 하였고, 할머니는 교회 전도사로 일하던 때여서 사랑채를 내주셨다. 그런데 다음 날 아침에 청년은 없었고, 방안에 있던 가재도구가 사라진 것을 알게 되었다. 춘식은 흥분했다. 당장 잡아들이자는 것이다. 그러나 할머니는 손사래를 치며, 대수롭지 않게 여기셨다.

> "그 사람이 얼마나 간절했으면 물건을 가지고 떠났겠느냐? 필요한 사람이 갖도록 하는 것이 하나님이 기

뻐하시는 일이지."

할머니는 자주 이렇게 말씀하셨다.

"우리는 미국에서 선교사님들을 통해 많이 받았지. 이제는 우리가 주어야 한다. 아프리카 같은 우리보다 못 사는 나라에 나누어주어야 해. 우리가 잘 사는 이유는 하나님께서 주셨기 때문이지. 하나님이 하셨다. 베풀라고 우리에게 주셨는데, 우리 욕심만 채우면 도로 거두어 가실 거다."

그러면서 자신은 스스로 절약하며 철저하게 이토록 나누어주는 삶을 실천하였다. 이 모든 것이, 다시 말하자면 서서평 선교사님이 가르쳐 주신 정신이라고 여긴다. 은퇴 후 어떻게 사실지 묻는 강 장로에게 할머니는 "기도해야지"라고 대답하셨다고 한다. 감람산 기슭에서 기도하시던 주님 따라 기도해야 한다는 마음을 담아 말씀을 묵상하며 그 시를 그대로 암송한다.

감람산 고목

나의 님 찾아와 옷 끝을 묻힌 곳
나의 님 당신의 옥구슬 묻힌 곳
쓰리고 외로울 땐 난 항상 친구했네
비 오고 이슬 맺힌 방울엔
그 사랑이 부족해
나의 친구 동료들은 그 언젠간 없어도
나의 몸 살아있어 님 향한 팔을 들고
다시 올 나의 님을 오늘도 기다리오

나의 사랑 나의 님
무슨 일 있습니까
지난밤 꿈속에선 님 잃고 울었다오
님과 오던 그 열둘도 어디다 가없고
나의 사랑 당신 곁엔
훼와 검이 웬 말이오
이 팔을 떼어주소
당신 따라 가렵니다
다시 올 나의 님을 오늘도 기다리오

교회와 다음 세대를 위하여

은퇴 장로로서 강 장로님은 기도를 쉬지 않고 해야 한다고 말한다. 그는 현대 교회가 물질에 치우치는 경향이 있어 안타깝지만 기도 중심으로 살아가며 교회를 세워야 한다고 강조한다. 표선장로교회의 주일학교 중·고등부는 50~60명 되는 교회로 성장했다. 강 장로님은 그 감사한 모습을 보며 순종과 헌신은 멈추어서는 안된다고 말한다.

은퇴 후에도 장로로서 기꺼이 교회 공동체를 위해 섬길 수 있는 일을 해야 한다고 말씀하신다. 말씀과 기도로 일구어온 강 장로님의 삶은, 농부와 농장 경영자로서 조용하면서도 묵묵히 교회와 가정을 섬기는 기도의 아버지로서 그 신앙의 맥을 이어가고 있다. 이 맥의 뿌리가 선조들이 걸어간 믿음의 유산임이 뚜렷하며, 제주 감귤나무처럼 소중한 믿음의 열매를 주렁주렁 맺어갈 것이다.

2

빛도 없이 소리도 없이 섬김으로
김미란(새성남교회 강정식 담임목사 사모)

강형신 전도사님과 나는 끊으려야 끊을 수 없는 깊은 관계다. 그분이 나에게 시고모할머니 되시니 그럴 수밖에 없지 않은가. 나의 남편인 강정식 목사님의 고모할머니이시기도 한다. 우리에게 강형신이라는 이름 석 자는 가문의 영광이지만, 그렇게 표현하는 것은 절대 그분 뜻이 아니다. 집안을 믿음으로 일으켜 세운 기둥 같은 존재이시다.

개인적으로 믿음의 여장부이신 강형신 전도사님에 대해 증언할 이야기가 많지만, 그것 또한 본인의 뜻이 아니다. 그분은 언제나 "하나님만 아시면 된다"라고 드러내는 것을 극구 말리셨다.

그래서 이런 자리에서 "이제는 말할 수 있다"라는 심정으로 지난 세월의 보따리를 여는 것은, 어쩌면 그분께 핀잔을 들을지도 모르겠다.

남편인 강정식 목사는 더욱 그렇다. 예수님의 말씀처럼, 오른손이 하는 일을 왼손이 모르게 하라는 가르침에 따라, 전도사님이 하신 일에 대해 자신을 드러내지 않았다. 훌륭한 성품답게 그분은 자신의 교훈을 지키려는 결단이 그만큼 강했다. 그래서 '그 조상이 바로 그 자손이다'라는 생각이 든다. 가족 간이지만 부럽기까지 하다.

다음은 강정식 목사의 회고를 받아 적은 것이다. 감동이 잘 전달되기를 바란다.

******

강형신 전도사님은 혈연적으로 제 할아버지의 누님되시며 고모할머니시다. 할아버지는 일제에 항거하시다 고문 후유증으로 일찍 돌아가셔서 저희 기억에 전설처럼 살아 계신다. 또한 제주와 목포, 인천을 오가는 선박회사 사업을 제법 큰 규모로 운영하셨다고 한다.

일본인들이 식민지 정책을 등에 업고 전국 요지의 땅들

을 사들였다. 제주도도 예외가 아니었다. 할아버지는 제주도 출신으로 제주도 땅이 일본인들의 손에 넘어가는 것을 보고만 있을 수 없어 돈이 생기면 땅을 사셨다. 땅 주인이 조선인이어야 한다는 의식과 행동은 곧 항일투쟁으로 이어졌다. 일제에게는 눈엣가시처럼 보였다. 일제의 감시에 걸려 할아버지는 투옥되어 고문을 당하시고 얼마 후 석방되었지만 이미 목숨이 위태로운 상태였다. 감옥에서 돌아가시면 민심의 항거가 거세질 것이라 여긴 일제의 꼼수였다. 할아버지는 그 후 얼마 살지 못하고 세상을 떠나셨다.

할아버지의 누이인 강형신 할머니는 얼마나 마음이 찢어지고 아프셨을까! 지근거리에서 동생의 아픔과 고통을 온몸으로 느끼셨으니 말이다. 어쩌면 이러한 과정들이 젊은 강형신으로 하여금 주님을 더욱 의지하게 한 근원이 되지 않았을까. 제주도는 바다 한가운데 있는 섬으로, 미신 풍습이 깊게 배어 있다. 지금도 이사일을 정하는데 '손 없는 날'로 잡는 습성이 아직도 사라지지 않을 정도다.

이런 시절에 평양에서 이기풍 목사님이 제주 선교사로 파송된다. 우리나라 초대 국내 선교사로 제주도의 여러 곳에 예수 복음을 전하셨다. 제주 복음화가 이렇게 힘을 얻었으니 그 영향을 우리 할머니 강형신이 받은 것이다.

당시 조선 여인들은 잘 먹지 못하고 고생으로 가냘픈 몸매가 대부분이었지만, 고모할머니는 건장한 모습이었다. 집안은 가난했지만 겉으로 보기에는 부잣집 여식 같은 느낌을 주었다고 한다.

서서평 선교사님이 제주도까지 와서 전도하실 때, 할머니를 만나게 된다. 이 만남으로 할머니의 인생은 완전히 바뀌었다. 평범한 여인에서 전도부인으로 부르심을 따르게 되었다.

고모할머니는 언제나 인자한 기도의 어른이셨다. 말수가 많지는 않은데 꼭 해야 할 말씀만 하셨다. 자녀가 없는 할머니는 집안 식구 중에서 강춘식 장로님과 강정식 목사(남편)를 친자식처럼 여기셨다고 한다. 하루는 이렇게 물으신다.

"누가 내 뒤를 이어 하나님 사역을 감당하겠느냐?"

당시 장로님은 집안일을 도맡으며 농사에 전념하셨다. 귤 농사며 양계에 깊이 빠져 일손을 내려놓지 못했다. 그

때 동생인 남편이 "제가 하겠습니다!"라고 대답했다.

신학을 공부하여 소명자의 길을 가겠다고 하자, 할머니는 안심하면서 이렇게 말씀하셨다.

"하나님의 일은 공부로 하는 것이 아니다. 주님의 인도하심을 따라가는 것이다."

그 뒤 강정식 목사(남편)는 서울로 올라갔고, 할머니는 은퇴하실 때까지 제주도 여러 교회를 옮겨 다니며 섬김의 삶을 사셨다. 그때 저는 강정식 목사와 결혼하여 안양에 신혼살림을 차렸다. 신학교를 다니며 분주하게 오가던 시절, 집은 비좁은 월세방이었음에도 신앙의 어르신을 모신다는 기쁨에 할머니를 기꺼이 모셨다. 그렇게 지내시다 제주 형님 댁으로 다시 내려가셨다.

할머니께서 서울에 오시면 우리 부부를 여러 신앙 선배에게 소개하시고, 선보이셨다. 그렇게 할머니와 지내며 많은 영적 감화를 받고, 목회 사역 방법을 구체화할 수 있었다. "조용하고 말없이, 자신을 드러내지 않으며 섬기는 모습"에서 큰 울림을 받았다. 이 정신은 서서평 선교사님으로부터 강형신 전도사님에게 전수되었고, 남편과 나에게

까지 이어진 소중한 영적 자산이다.

고모할머님을 생각하면 지금도 늘 기도하시는 삶의 모습이 생생하다. 그분은 나의 멘토이자 인생의 안내자임을 고백하지 않을 수 없다. 바울 사도의 "그러나 내가 나 된 것은 하나님의 은혜로 된 것"(고린도전서 15:10)이라는 고백처럼, 나도 그렇게 고백할 수 있다. 나의 나 됨은 하나님의 은혜며, 서서평 선교사님에서 강형신 전도사님으로 이어지는 복음된 말씀과 감동으로 된 것이라고.

3

새벽기도의 흠모로부터

김승환 (옥토교회 은퇴목사)

내 고향은 남원읍 신례리이다. 한라산 남쪽 서귀포 방면으로 바다를 향해 내려가면 중산간에 있는 마을이다. 아주 조용하고 호젓한 곳이다.

여섯 살 무렵, 동네 아이들과 천진난만하게 뛰놀던 때, 그 가운데 교회가 있었다. 바로 신례교회! 그 신례교회는 나의 몸이며 정신이 자라났다. 어린 시절의 경험들이 삶의 밑거름이 될 줄 미리 알았더라면 좋았겠지만, 그때 그 교회는 허름한 주택, 초가집이었다. 그럼에도 그 교회를 내 집 삼아 오가며 자라나던 소년 안에 신앙의 새싹이 자라나고 있었다. 돌이켜 보면 이것이 놀라운 주님의 섭리가 아닐 수 없었다.

　재미있는 것이 없던 시절이었다. 시골 마을이라 그저 교회에 가는 것이 즐거웠고, 교회에 가야 재미있고 행복했다. 한라산과 제주도 앞바다는 어린 나에게 다가가기 어려운 삶의 공간이었다. 너무 크고 광대하여 다가가기 힘들었지만, 교회는 달랐다.

　모든 것이 느껴지고 공감되며 함께 숨 쉴 수 있는 교회는 몸에 와닿는 체험의 자양분을 제공했다. 과자도 얻어먹고, 놀거리가 없던 시절에 성경 이야기는 항상 신기하고 새로운 세계를 펼쳐 주었으며, 철부지였던 나에게 어린 마음에도 하나님을 향한 기도가 흘러나왔다.

　그리고 여름 성경학교 시절, 동네 아이들과 호롱불을 만들고 꾸불꾸불 비포장길을 지나 교회에 다녔던 기억도 새로웠다.

　나중에 자그마한 교회를 짓게 되었을 때는 교인 모두가 힘을 합쳤다. 우리 학생부 학생들도 산에서 돌이나 나무 등을 마차에 싣고 날랐다. 힘든 줄도 모르고 재미있게 건축에 참여했다.

어느 날, 나이 드신 권사님이 한 분 보였다. 말수도 적으신데 걸어가는 모습이 마치 거대한 고목이 움직이는 듯했다. 권사님을 처음 알게 된 것은 새벽이었다. 새벽기도를 가면 항상 그분이 계셨고, 어슴푸레 동이 터오는 그 시간에도 늘 기도의 자리를 지키셨다. 앞으로 나의 영적 어머니, 영적 스승이 되실 강형신 권사님이셨다.

어린 나이의 나는 처음에는 권사님의 존재를 자세히는 알지 못했다. 시골에서 자란 나는 세상 물정을 당연히 모르기도 했고, 교회에 새로운 교인이 왔다고 별로 신경 쓸 그런 나이가 아니었기에. 나는 그저 학교와 교회를 오가며 철없이 살아가던 그런 아이였기 때문이다. 나중에 알게 된 사실은 권사님이 서서평 선교사님의 아꼈던 제자로 신학 공부를 마치고 제주도에 전도사로 파송되셨으며, 이제는 은퇴한 권사로 지내신다는 것이다.

그러던 중에 권사님에게 더 가까이 다가가게 된 계기가 생겼다.

교회에 풍금이 처음 들어오던 날, 그 환해진 분위기는 이루 말할 수 없었다. 당시 제주도에는 도둑이 없었지만, 가끔 포구에서 들려오는 이야기를 보면 도둑이 없지는 않았던 것 같다.

주일학교 학생들이었던 우리는 풍금이 걱정되었다. 머리를 맞대고 궁리한 끝에 묘안이 생각났다. 풍금을 교인 집에 가져다 놓았다가, 예배 시간에 다시 옮기는 것이다. 우리는 풍금을 강 권사님 댁에 맡겨 놓았다가 예배 시간이 되면 교회로 풍금을 가져오고, 예배가 마치면 다시 권사님 댁으로 가져다 놓았다. 이 일이 반복되었고, 그렇게 풍금은 나, 우리, 권사님을 연결해 주는 중매쟁이가 되었다.

권사님 댁에 풍금을 가져다 놓으면, 우리는 호기심 가득한 얼굴로 풍금을 쳐보곤 했다. 교회에서는 감히 시도하지 못했지만, 권사님 집으로 온 풍금은 우리 차지였다. 누구는 제대로 건반을 눌러 보려 했다. 또 다른 아이는 불협화음밖에 내지 못했지만, 그래도 즐거웠다.

나는 소심조심 음에 맞게 풍금을 쳐보았다. "내 주를 가까이하게 함은 십자가 짐 같은 고생이나"라는 찬송가를 수백 번 불렀다. 하지만 그건 아직 노래라 할 수 없었다. 그렇게 한 두 시간 넘게 풍금 치는 일이 잦았졌고, 저녁에 불도 없는 어두운 상태에서 소리가 시끄러웠을 것이다. 그래도 권사님은 아무런 내색 안 하시고 다 받아주셨다. 지극

한 사랑으로 우리의 소음 하나하나를 너그럽게 받아주신 것이다.

나의 교회 생활은 이렇게 풍금을 통해 교회와 권사님 댁을 오가며 점점 더 깊어졌다. 나도 모르는 사이에 어떤 영적 새순들이 내면에서 자라나고 있던 것은 아닌지. 나중이지만 이런 일들을 통해, 나는 교회 전도는 말 없는 포옹과 이해로 이루어진다는 것을 깨닫게 되었다.

교회 생활을 하면서 한 가지 고민이 생겼다. 새벽기도 시간이 문제였다. 기도하러 가야 하는데 시계가 없어 일어나는 시간을 맞추기 어려웠다. 일어나도 몇 시인지 분간을 잘 할 수 없었다.

그러던 어느 날, 지혜가 생겼다. 새벽별이 떠올랐고, 잠에서 깨어 밖으로 나갔다. 돌담 위에 뾰족하게 나온 돌멩이 너머 남쪽 하늘을 바라보니 삼태성이 보였다. 그 별에 일직선으로 맞추면 새벽기도 갈 시간이 된 셈이었다. 그때부터 새벽에 일어나면 마당에 가서 돌담에 눈을 대고 별을 바라보았다. 그 별이 나에게는 시계가 되었다. 새벽예배 올라가라는 신앙 시계인 것이다. 어린 나이에도 주님이 주신 지혜라 여긴다.

신례리에서 성장하며 교회 생활을 하던 때에는 권사님은 언제나 묵묵히 그 자리에 계셨다. 우리 곁에 말없이 계신 크나큰 화산암 바위나 오래된 고목 같았다. 권사님은 기도의 용사로 예배당을 지키셨다. 나에게는 언제나 믿음의 사람이 되라고 말씀해 주셨다. 권사님은 항상 기도하는 분이셨다. 나는 궁금했다. 무슨 기도를 그렇게 많이 하실까? 기도가 지겹지도 않을까? 특히 새벽 시간에 권사님은 참으로 끈질기게 기도하셨다. 예배당 안에 무릎 꿇고 무슨 생각으로 그렇게 기도를 많이 하실까? 궁금하기도 했고, 그 모습이 은연중에 신앙의 모범이 된 것 같다. 나에게 권사님은 기도의 용사이자 기도의 어머니 같은 분이다.

이제 청년의 나이에 접어들 무렵, 교회에는 세 명의 청년이 있었다. 무언가 미래를 향해 나아가야 할 때였다. 그 중 한 명은 군대에 갔고, 다른 친구는 교회를 떠났다. 결국 교회 안에 청년은 나 혼자 남은 셈이었다. 이런 상황 속에서 권사님의 사랑을 독차지하게 되었다.

나의 신앙 모델은 점점 권사님을 닮아갔다. 권사님의 기도와 격려는 나에게 은은하게 스며들어 큰 영향을 끼쳤다. 권사님은 나를 보시면서 "승환 선생, 믿음 생활 잘해서 장로님이나 기둥 같은 일꾼 되기를 바랍니다"라며 권면하셨다. 그 음성이 지금도 내 귀에 생생하게 울려퍼지는 듯하다.

또한, 권사님은 우리 집에 자주 오셨다. 아마도 전도를 위해 오셨을 텐데, 그때마다 접시에 귤 세 개를 담아 가지고 오셨다. 어머니에게는 "예수 믿으라, 교회 나오라"는 말은 하지 않으시고, 그저 조용조용한 모습으로 이웃에게 다가가셨다. 그야말로 마음과 사랑으로 예수님의 모범을 보여주셨다. 이것이 바로 권사님의 전도 방법이라 생각한다. 우리를 위해 기도해 주실 때도 언제나 조용한 음성으로 하셨다.

그런 영향으로 장손 집 며느리인 나의 어머니도 예수 믿고, 98세 되던 2019년에 천국으로 떠나셨다.

신례교회 담임이셨던 강정보 목사님의 권유로 지금의 아내인 양춘옥 사모와 함께 제주도를 떠나 서울로 신학 공부하러 떠나게 되면서 고향 교회와 권사님이 궁금해졌다. 권사님께 감사한 마음을 감출 수 없어 몇 번에 걸쳐 편지를 드렸다.

신학을 공부하는 나를 권사님은 참으로 대견하게 여기신 것 같다. 권사님은 1982년과 1984년 이렇게 나에게 편지를 두 번 보내셨다. 당시 권사님의 연세가 적지 않으셨다. 권사님께서 1985년에 주님 품에 안기셨으니, 돌아가시기 바로 전해까지 편지를 보내주신 것이다. 여기서 짧은 대목이라도 한번 나누어 보고 싶다.

> 옛날 에녹 성도처럼 주님과 동행하는 생활이 날로 더 깊어가고 높아감을 믿고 감사와 영광을 울 하나님 아버지께 돌립니다.
> 기도는 약하지만, 주님 주시는 응답은 언제가 놀랍고 강함을 느끼는 중 김 선생과 가족을 위해서도 기도 제목에서 빼지 않고 약하게나 구하였지만 이렇게까지 강한 응답을 듣게 됨을 놀랍고도 (…) 죄송하기까지 느끼면서 더욱 주님께 감사와 영광을 돌립니다. … 이 생명이 땅에 있는 한 기도 쉬는 죄 범치 않겠다 다짐하고 미약하나 계속합니다.
> 주님과 동행하는 삶을 영원까지 자자손손 누리기를 다시 기원하면서 오늘은 이만 줄입니다.
>
> 1982년 8월 2일 신례에서 강형신

김승환 전도사님에게 답장

수일간도 충성 다하며 섬기는 구주 예수님의 함께하시는 은혜 중 전 가족이 평안함을 위하여 기도하며 믿습니다.

다수 차 주신 서신을 반갑고 감사함으로 받고도 회답 못하였는데 또 받고 더욱 미안함 금치 못하여 두서없는 몇 자 드립니다. … 열심히 기도하는 중인 즉 위하여 기도함을 부탁합니다.

말세를 당한 교회로써 도시 교회 형편없어 하였는데 물론 알곡과 쭉정이를 고르시는 때인가 생각하고 자신을 반성하여 알곡 편에 서기 위하여 힘쓸 일에 죽도록 충성할 뿐인가 싶군요.

강정보 목사님과 정재연 집사님 문안 감사하면서 나의 문안도 전해 주기 바라고 오늘은 이만 줄이고 항상 주와 함께 하심 다시금 축원합니다.

1984년 3월 18일 신례서 강형신

강형신 권사님은 나에게 기도의 어머니이시다. 어린 시절부터 한 교회 안에서 말없이 모범을 보여주신 어른이시다. 나를 위해 늘 기도해 주시고 말씀해 주신 권사님의 권면은 마음에 새겨져, 이 말씀이 씨가 되어 은연중에 나를 목회자의 길로 이끄신 것이라 여겨진다.

"승환 선생! 승환 선생이 큰 일꾼이 되게 해 주세요."

제주 한라산 남쪽 기슭에 자리한 신례교회는 당시 초가집이었다. 하지만 이제 지역을 크게 섬기는 교회로 부흥하여 하나님의 놀라우신 섭리를 깨닫게 되었다. 이 모든 일을 여기까지 이끄신 에벤에셀의 하나님께 영광을 돌려드린다.

나의 40년 목회의 길,
2024년 서울 강동노회(통합)에서
정년 은퇴를 하다.

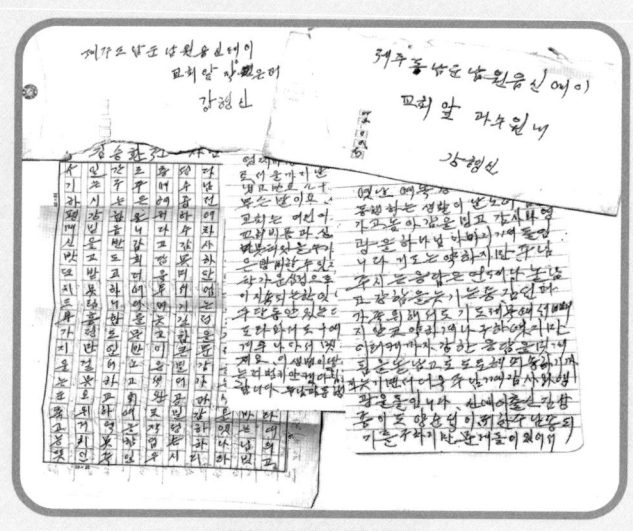

강형신 전도사 친필 편지

K-하영선교회 단체 사진

5장

K-하영선교회, 사역과 비전

❖ **비전 성구**

"많은 사람을 옳은 데로 돌아오게 한 자는 별과 같이 영원토록 빛나리라"(다니엘 12:3).

❖ **비전**

예수 그리스도의 최종 명령(마태복음 28:18~20)인 복음 전파를 사명으로 한다.

비영리법인 K-하영선교회는 서서평 선교사님의 선교 정신을 기억하며 그 정신을 따라 이 세상의 소금과 빛의 역할을 다하기 위해 설립되었다. 더 나아가 하나님 나라의 복음을 전 세계에 알리고 복음으로 세상을 치유하고자 한다.

'하영'이라는 말에는 두 가지 뜻이 있다. 하나는 '하나님의 영광'을 뜻하고, 다른 하나는 제주 방언으로 '크고 많다'라는 의미다. 따라서 K-하영선교회는 이 크고 넓은 세상을 위해 빛과 소금의 사명을 다하는 선교회다.

이 사명을 감당하기 위해 다음과 같은 중요한 세 가지 목표를 가지고 기도하고 있다.

1. 한국에 나와 있는 이주민 노동자, 유학생, 다문화 가족들에게 복음을 전하고 한국 사회에 정착할 수 있도록 도움을 주고자 한다. 오늘의 선교는 이제 선교사를 멀리 보내지 않아도 되는 디아스포라의 시대다. 이 디아스포라들은 하나님께서 종말의 시대에 남겨놓은 씨앗들이다. 우리 곁으로 다가온 지구촌 형제자매들을 환대하고 섬길 때, 아름다운 하나님 나라가 펼쳐질 것이다.

2. 탈북민 형제들의 벗이 되고, 그들을 통일의 주역으로 세우고 섬기는 일을 하고자 한다. 더 나아가 우리 민족의 영원한 바람인 통일을 준비하는 일꾼들을 키워내고자 한다. 통일을 위한 포럼도 열고, 필요한 경우 북한에 식량 지원 등 각종 지원을 아끼지 않을 것이다.

3. 서서평 선교사님과 강형신 전도사님을 기억하며 제주도에 전 세계 선교사님들이 쉴 수 있는 쉼터와 힐링센터를 건립하고자 한다. 이 '강형신 힐링센터'가 세계 선교의 본부가 되고 선교사님들을 섬기는 안식처가 되기를 기도한다.

K-하영선교회를 통해서 수많은 '작은 서서평', '작은 강형신'들이 길러지고 파송되어 이 세상을 위한 한 알의 밀알이 되는 놀라운 역사가 일어나기를 간절히 기도한다.

그리고 이번에 출간하는 이 작은 책자를 통해 서서평 선교사님의 후예들이 곳곳에서 일어나게 되기를 소망하며 간절히 기도한다.

러시아 상트페테르부르크 장로회신학대학 명예박사 임명

기독공보에 실린 러시아 선교 관련 기사

마치는 말

김미란 회장 (K-하영선교회)

　책을 내면서 저는 서서평 선교사님을 가장 많이 닮았던 강형신 전도사님을 기억합니다. 제가 젊은 새색시로 강정식 목사와 가정을 이루고, 1982년 안양에서 신혼생활을 시작한 후, 1983~1984년 그리고 1985년 소천하실 때까지 좁은 단칸방에서 모신 적이 있습니다.

　늘 교회에서 기도하던 모습과 온유하고 겸손한 태도로 자신이 가진 것을 다 나누며 섬기시던 모습을 기억합니다. 강형신 전도사님은 제게 시고모할머님이 되십니다. 그분에게 받은 따뜻한 사랑을 결코 잊을 수 없습니다. 이 놀라운 특권을 주신 하나님께 영광을 돌립니다. 그 받은 사랑을 조금이라도 우리 이웃에게 나누고 싶습니다.

K-하영선교회는 선교와 여러 봉사 활동을 통해서 성남시와 경기도를 넘어 전 한국과 북한, 나아가 전 세계를 섬기는 섬김의 도구가 되기를 바랍니다. 소자 한 사람을 귀하게 여기며, 우리들의 작은 정성과 기도를 모아 광대하신 하나님의 성령의 도구가 되기를 바라고 기도합니다.

그런 뜻을 품고 열심히 최선을 다하고자 하니, 주님께서 여러 분야에서 일하도록 인도하셨습니다. 제가 부족하지만 봉사하는 분야는 예전부터 현재에 이르기까지 다음과 같습니다.

성남YWCA 증경회장
카네기 여성회장
민주평화통일자문회의 성남시협의회 부회장
가천나눔사회적협동조합 이사
성남YMCA 이사
성남YMCA 문화예술위원장

성남문화의집 운영위원

성남시 수정종합노인복지관 운영위원

밀알복지재단 굿윌스토어 홍보대사

재단법인 기빙플러스 나눔대사

러시아 상트페테르부르크 장로회신학대학 객원교수(상담학)

러시아 상트페테르부르크 선교회 후원회장

비영리단체 K-하영선교회 후원회장

이 모든 일들은 하나님 사랑에 감사하는 마음으로, 기쁨과 감격으로 감당하고 있습니다.

말로만 하지 않고 손과 발로 섬기는 예수 제자의 삶을 이 땅에서 살아내며 섬기는, 주님의 종이 되기를 바라고 기도하고 있습니다. 인간으로 오신 우리 주님의 성육신 정신을 본받아 낮아지고 베푸는 행복한 하나님의 사람이 되고 싶습니다.

이 책의 출간을 위해 물질과 기도로 후원해 주시고 여러모로 도움을 주신 주님의 형제자매님들께 깊은 감사를 드립니다. 특히 집필에 큰 힘을 쏟아주신 추태화 교수님과 임원 목사님께 감사드립니다. 추태화 교수님은 서서평, 강형신 원고 및 인터뷰를 담당해 주셨고, 임원 목사님은 '서서평의 목소리'를 집필해 주셨습니다. 그 외에도 여러 분이 참여해 주셨습니다. 마음 깊이 감사드립니다.

서서평 선교사님과 그 제자 강형신 전도사님, 그리고 그 믿음의 제자, 후손들을 말씀과 성령으로 인도하신 존귀하신 주 하나님께 모든 영광을 돌립니다.

Soli Deo Gloria!

서서평 선교사(앞줄 가운데)와 강형신 전도사(우측)

부록

서서평(Elisabeth Johanna Shepping) 연보

1880년 독일 비스바덴(헤센주 수도)에서 출생했다.

1889년 어머니 찾아 미국으로 이주했다.

1901년 뉴욕에서 간호전문학교를 졸업했다.

1904~1911년 성서교사훈련학교(현 뉴욕신학교)와 컬럼비아대학교에서 수학했다.

1912년 미국 남장로교 간호 선교사로 조선에 파송되어 조선에 입국했다.

광주, 전주, 목포 등 호남 지역을 중심으로 의료 간호, 성경 교육, 사회복지, 학교 사역을 펼치며, 주로 조선의 소외계층이던 여성을 대상으로 성경 공부, 위생, 사회계몽, 전도부인 양성 등 부인 조력회(후일 여전도회)를 조직하여 여성 지위 향상을 위해 전력을 기울였다. 또한 빈궁한 계층을 예수 사랑으로 돌보며 입양까지 하여 돌보았다.

서서평은 멀리 평양에서도 활약했으며, 제주도에도 관심을 가져 수차례 전도 여행(사경회 성경 공부 중심으로)을 하였고, 이 기간에 강형신을 만나 크게 감화와 영향을 끼쳤다.

이일학교(후일 한일장신대학교)를 세웠다.

1917년 추자도, 제주도 사역을 시작했다.

1919년 부인 성경공부반을 본격적으로 인도했다.

1925년 모슬포 교회 방문, 세화, 성읍, 조천리에서 부인 조력회 조직 등 제주 선교 활동을 했다.

1929년 국제 간호협의회에 조선간호협회를 공식 등록하고자 캐나다를 방문했지만, 일제의 방해로 무산되었다.

1934년 스프루병과 영양실조, 과로로 쇠약해져, 6월 26일 주님 품에 안겼다. 의학 발전을 위해 자신의 시신을 기탁했다.

강형신 연보

1903년 제주도에서 출생했다.

1924년 이경필 목사에게 세례를 받았다.

1925년 서서평 선교사가 제주 선교에 큰 관심을 가지고 여러 지역에서 사경회를 열어 성경 공부, 위생, 여성 지위 향상에 대해 선포했고, 제주 부인조력회 설립했다. 이 기간 중 서서평에게 영향을 받고 제자의 길로 들어섰다. 서서평의 권유로 이일학교 입학. 평양 신학교 수학. 제주도 선교 파송. 추자도, 성산포, 모슬포, 법환, 서호 등 지역 교회 순회, 전도와 양육에 힘썼다.

1945~1956년 성산포교회에서 사역했다.

1957년~   한림교회 사역을 했다.

1945~1965년 대한예수교장로회 제주노회 산하 여전도연합회 회장을 했고, 한림교회에서 전도사로 은퇴했다. 제주 신례리 신례교회 부근, 텃밭 딸린 가옥을 기증받아 노후에 깊은 기도 생활을 하며, 꾸준히 성도들을 돌보았다.

1985년 9월 9일 주님 품에 안겼다.

강형신 전도사 묘비 뒷모습

참고문헌 및 증언(인터뷰)

영상물

다큐멘터리 영화, "서서평 – 천천히 평온하게"(CGNTV)

영상, "또 다른 서평 – 강형신 전도사"
(https://www.youtube.com/watch?v=tivlRtmOC48)

논문

〈서서평연구회〉 논문들

김기용, "서서평의 사회선교로 본 상황화 선교와 한국 교회", 「선교와 신학」 50 (2020).

이혜숙, "여성주의 관점에서 본 서서평(Elizabeth Johanna Shepping)의 전기적 생애사 연구", 「신학과 사회」 30 (4) (2016).

장성진, "1000:1의 선교사 서서평과 그녀의 전도부인들 (1920-2021)", 「선교신학」 제70집 (2023.7.).

저서

양창삼, 『조선을 섬긴 행복: 서서평의 사랑과 인생』, Serving the People. 2012.

백춘성, 『조선의 작은 예수 서서평: 천천히 평온하게』, 두란노서원, 2017.

최순신 저, 대한예수교장로회 제주노회 역사편찬위원회 편(김인주 책임편집), 『제주교회 인물사 I. 강형신 전도사(1903-1985)』, 평화출판사, 2015(2쇄).

강문호, 문태선, 『제주 선교 70년사』, 대한예수교장로회 제주노회, 1978.

제주노회사 출판위원회, 『제주노회사』, 대한예수교장로회 제주노회, 2000.

대한예수교장로회 제주노회 편, 『제주 기독교 100년사』, 2016.

증언(인터뷰)

강춘식 (표선장로교회 은퇴장로)
김미란 (K-하영선교회 회장)
김승환 (옥토교회 은퇴목사)

강형신 전도사 사진

한림 여자 농민 복음 고등 학교 제2회 졸업 기념 1962.2.1

이원설경학교동창회 제6회1회 1960